空想家的故事

郭一民 著

中国少年儿童新闻出版总社
中国少年儿童出版社
北 京

图书在版编目（CIP）数据

空想家的故事 / 郭一民著 . -- 北京：中国少年儿童出版社，2024.1
（百角文库）
ISBN 978-7-5148-8461-6

Ⅰ . ①空… Ⅱ . ①郭… Ⅲ . ①空想社会主义 - 欧洲 - 青少年读物 Ⅳ . ① D091.6-49

中国国家版本馆 CIP 数据核字 (2024) 第 002378 号

KONGXIANGJIA DE GUSHI
（百角文库）

出版发行：中国少年儿童新闻出版总社
中国少年儿童出版社

执行出版人：马兴民

丛书策划：马兴民 缪 惟	美术编辑：徐经纬
丛书统筹：何强伟 李 樟	装帧设计：徐经纬
责任编辑：冯广涛	标识设计：曹 凝
责任校对：杨 雪	封面图：宣 懿
责任印务：厉 静	

社 址：北京市朝阳区建国门外大街丙 12 号	邮政编码：100022
编 辑 部：010-57526123	总 编 室：010-57526070
发 行 部：010-57526568	官方网址：www.ccppg.cn

印刷：河北宝昌佳彩印刷有限公司

开本：787mm×1130mm 1/32	印张：3
版次：2024 年 1 月第 1 版	印次：2024 年 1 月第 1 次印刷
字数：50 千字	印数：1—5000 册

ISBN 978-7-5148-8461-6 定价：12.00 元

图书出版质量投诉电话：010-57526069　　电子邮箱：cbzlts@ccppg.com.cn

序

　　提供高品质的读物，服务中国少年儿童健康成长，始终是中国少年儿童出版社牢牢坚守的初心使命。当前，少年儿童的阅读环境和条件发生了重大变化。新中国成立以来，很长一个时期所存在的少年儿童"没书看""有钱买不到书"的矛盾已经彻底解决，作为出版的重要细分领域，少儿出版的种类、数量、质量得到了极大提升，每年以万计数的出版物令人目不暇接。中少人一直在思考，如何帮助少年儿童解决有限课外阅读时间里的选择烦恼？能否打造出一套对少年儿童健康成长具有基础性价值的书系？基于此，"百角文库"应运而生。

　　多角度，是"百角文库"的基本定位。习近平总书记在北京育英学校考察时指出，教育的根本任务是立德树人，培养德智体美劳全面发展的社会主义建设者和接班人，并强调，学生的理想信念、道德品质、知识智力、身体和心理素质等各方面的培养缺一不可。这套丛书从100种起步，涵盖文学、科普、历史、人文等内容，涉及少年儿童健康成长的全部关键领域。面向未来，这个书系还是开放的，将根据读者需求不断丰富完善内容结构。在文本的选择上，我们充分挖掘社内"沉睡的""高品质的""经过读者检验的"出版资源，保证权威性、准确性，力争高水平的出版呈现。

通识读本，是"百角文库"的主打方向。相对前沿领域，一些应知应会知识，以及建立在这个基础上的基本素养，在少年儿童成长的过程中仍然具有不可或缺的价值。这套丛书根据少年儿童的阅读习惯、认知特点、接受方式等，通俗化地讲述相关知识，不以培养"小专家""小行家"为出版追求，而是把激发少年儿童的兴趣、养成正确的思考方法作为重要目标。《畅游数学花园》《有趣的动物语言》《好大的地球》《看得懂的宇宙》……从这些图书的名字中，我们可以直接感受到这套丛书的表达主旨。我想，无论是做人、做事、做学问，这套书都会为少年儿童的成长打下坚实的底色。

中少人还有一个梦——让中国大地上每个少年儿童都能读得上、读得起优质的图书。所以，在当前激烈的市场环境下，我们依然坚持低价位。

衷心祝愿"百角文库"得到少年儿童的喜爱，成为案头必备书，也热切期盼将来会有越来越多的人说"我是读着'百角文库'长大的"。

是为序。

马兴民

2023 年 12 月

目　录

陌生的外国人

　　没边没沿儿、不切实际地空想，也能成为"家"，听起来，真有些新鲜！可在人类历史上，确实有过空想家。不过，我们的读者千万不要望文生义，以为他们都不学无术，只是成天坐在屋里胡思乱想；其实，他们大多是些有学问、有理想、有道德的人。

　　这些空想家对于我们来说，是十分陌生的。他们全是外国人，生活的时代离我们也相当久远了，远的有500年，最近的也有100多年。

有些读者恐怕还是生平第一次听说他们的名字。然而，就是这些我们几乎一无所知的空想家，跟我们每一个人都有些关系呢！

我们现在都生活在社会主义社会。如果问起社会主义是谁提出来的，大概有不少人会一口答道："马克思，还有恩格斯！"

这回答当然不算错，可是不大准确。严格地说，马克思和恩格斯创立的是科学社会主义，而最初的社会主义思想，却是由那些空想家提出来的。要知道，社会主义这条历史发展的必由之路，并没有现成地摆在人们面前；社会主义的理论也不是马克思和恩格斯一下子就想出来的。人们认识和掌握社会主义，经过了500多年的漫长岁月。从16世纪初开始，一些空想家就提出要建立一个铲除贫困和无知、消灭剥削和压迫的新社会，给受苦受难的无产者和全人类带来光明和幸福。他们写了不少书，描绘出未来社会的一幅幅美妙的图景，设想着改造现存社会的一个个详尽的方案。

可是，空想家们对未来社会的美妙设想，有许多是带有猜测的成分，缺少科学的根据。也就是说，他们说不清未来世界为什么是他们想象的那个样子，他们也不懂得怎样才能实现他们的理想。所以，他们被称为空想社会主义者，他们对新社会的种种设想，被称为空想社会主义。

空想家当中，最有名的是圣西门、傅立叶和欧文这三个人。恩格斯曾经说过，马克思和他创立的科学社会主义，是依靠"这三位思想家而确立起来的"。换句话说，虽然空想家提出的社会主义思想，是虚幻的、空想的，可正是有了他们走出的这第一步，才有了后来的科学社会主义；中国共产党就是掌握了科学社会主义的理论，才领导全国人民建立了今天的社会主义社会。这么说来，我们现在生活在社会主义的新中国，不但应该感谢马克思和恩格斯，也应该感谢那些空想家呢！

而且，我们不仅要感谢那些空想家，更应该了解他们。因为他们的思想是千百年来人类积累的精神财富的一部分；他们追求真理、献身事业的精神，曾经鼓舞了后来许许多多的人，他们丰富的思想曾经启发了早期的无产阶级的觉悟；就是到了今天，我们也仍然能从他们那里受到启发和教育。

那么，就让历史老人带领我们，去认识认识那些空想家，到他们的"理想国"里去漫游一番，并且了解一下他们那些各不相同的动人经历吧。

《乌托邦》的由来

万事开头难。在人类历史上，任何一项进步事业的开创，都是极不容易的；而那些开创者也的确都是些很了不起的人物。

世界上第一个空想社会主义者——英国人托马斯·莫尔（1478—1535），就称得上是这样一位开创者。

莫尔得了这么个了不起的称号，他一定做了些很了不起的事吧？

做是做了，不过听起来似乎也很平常，他

只是写了一本名叫《乌托邦》的小说。

"乌托邦"是由两个希腊文单词组成的："乌（ou）"是没有的意思，"托邦斯（topos）"是地方的意思，合起来就是"没有的地方"。"乌托邦"这三个汉字，是我国近代著名的启蒙思想家和翻译家严复在 1898 年译成中文的。这个译名在发音上和希腊文相似，在意思上表达得也很巧妙、准确：中文的"乌"恰好也当"没有"讲，"托"是"假托"，"邦"是"国家"，"乌托邦"就是一个虚构的理想国！

一个没有的地方，一个理想的国家，这书名就先给人一种神奇的、虚无缥缈的感觉。我们的读者一听，可能就想找本《乌托邦》看看，说不定还会被它吸引住呢！要知道，这是一本有趣的游记，生动地记叙了一个葡萄牙旅行者在奇异岛国——乌托邦的所见所闻。

不过，你读着读着，就会发现，《乌托邦》和那些专讲海外奇闻、天下趣事的游记不同。

书的全名就别具一格，叫作《最完美的国家制度和乌托邦新岛的既有益又有趣的金书》。书中所描写的乌托邦人的生活，有些虽说很是新奇，有些却是我们相当熟悉的。

在美丽的乌托邦岛上，有一座座庄严宏伟的城市。

城里条条街道宽阔清洁，家家房屋漂亮整齐，每家还都有一个花园。岛上到处树木葱绿，枝头果实累累，宛如桃源仙境一般。

这些漂亮住宅，都是国家分配给居民的住房，没有一所是私人的。在岛上，不只是房屋，还有土地、手工作坊和其他一切财产全都属于国家。一句话，那里实行的是一种财产公有的制度。乌托邦人认为，要是允许人们去拼命捞钱，把社会的财富占为己有，总有一天，少数人会发财致富，多数人将贫困不堪。因此，一定得废除私有制度，建立公有制度，才能使人人幸福。为了杜绝私有观念，他们甚至规定，国家分配给各家的住房，每 10 年要调换一次！

乌托邦岛上真可以说是夜不闭户，路不拾遗。因为在那里，既没有游手好闲的懒汉，也没有不劳而获的盗贼；人人都参加力所能及的劳动：有的炼铁，有的纺织，有的当木工，有的做泥水匠。岛上没有专门从事农业的人，大家轮流去农田干活。每天，人们只工作 6 小时，其余时间就用来学习，参加学术讨论和文娱活动。岛上每个人都有受教育的机会，并且享受免费医疗。

乌托邦人把自己生产的全部产品送到公共仓库，再从那里领回需要的一切，很有些"按需分配"的意思。这样一来，买东西的钱也变得完全没用了；世人认为最值钱的金子，在乌托邦成了最被人鄙视的东西。人们只用黄金来制作"公家厅馆和私人住宅里的便桶"。要不，就用它们来做"奴隶身上的长链大铐"，或者罪人耳朵上挂着的金圈、手上戴着的戒指、颈上系着的金链和头上套着的金箍。

有的读者看到这儿，也许要纳闷，为啥要给莫尔那么高的评价？《乌托邦》里，不就是讲了一个财产公有，人人劳动，产品归公，按需分配的公有制的社会吗？如果要问我们什么是社会主义社会和共产主义社会，兴许还能说得更准确、更详细些呢！而且，我们还能指出莫尔空想的地方：如果乌托邦只有手工业，没有现代化的大机器生产，哪里会有很丰富的产品，而缺少坚实的物质基础，也就不可能实行按需分配。这样，还得用钱去买东西，金子怎么会变得一钱不值呢？

这些想法都不错。当年，莫尔对于公有制社会的设想，可能远远赶不上现在一个中学生对社会主义和共产主义的认识水平呢！可是，请不要忘记，莫尔是生活在 500 多年前的人，那时候的英国和我们今天的社会完全是两个时代呀！

莫尔描绘的未来世界，确实有不少空想的东西，他也不曾把自己理想的社会叫作社会主义。可是，他毕竟在人类历史上第一个提出要建立公有制的社会，并且坚信它必然会实现。所以，后人把莫尔称为空想社会主义的奠基人，"乌托邦"也就成为空想社会主义的代名词了。

"羊吃人"的奇闻

　　500多年的岁月，在人类历史的长河中，只是短暂的一瞬。可是，不管让谁设想一下，几百年后的世界是啥模样，并且真能说得和事实相差不远，也不是件容易的事吧？

　　可是，500多年前的莫尔为什么能写出一本《乌托邦》，猜测到未来社会的一些真实情形呢？当时，英国不也是个封建国家吗？

　　是的，那会儿，英国表面上还是国王、地主占有土地，让农民干活儿，养活他们。可实际上，整个社会正在发生很大的变化。其中，最引人注目的是，出现了最初的资本家，他们雇用工人去开矿、造船、织布、纺羊毛，再把生产出来的煤呀、矿石呀、布匹呀、呢绒呀，卖出去赚钱。那时候，最赚钱的是呢绒，因为英国的有钱人，还有欧洲许多国家的王公贵族，都喜欢用英国产的呢绒。毛纺业发展了，生产出又多又好、受人欢迎的呢绒，也算得上社会生产的一个进步。可是，谁又能想到，这个进步却给英国无数的农民带来了深重的灾难，甚至出现了"羊吃人"的惨剧。

听起来，"羊吃人"比童话还要神奇。从来没有哪篇童话，把温良、驯服的小羊说成是吃人凶兽。然而，人们脑子里想象不出的事儿，在现实生活中，却真的发生了。事情还要从呢绒畅销说起。呢绒是羊毛做的，呢绒一畅销，羊毛自然身价倍增。那些见钱眼开的贵族地主，哪肯放过这发财的机会，于是纷纷把耕地改成牧场，养起羊来。要知道，10公顷牧场的收入比20公顷耕地的收入还要多呀！

这样一来，羊儿交了好运，贵族地主发了横财，资本家的呢绒生意越做越兴隆，农民却被逼上了绝路。

贵族地主把佃农从他们祖祖辈辈耕种的田地上赶走，把大片土地用栅栏圈起来，把正在生长的庄稼统统毁掉，种上密密麻麻的牧草。他们这样做还嫌不够，为了不让佃农有立足之地，他们竟心毒手辣地把一座座村庄，甚至许多城镇也给毁掉了。从前肥沃的耕地变成了杂草丛生的荒原，昔日宁静的农舍上空再也看不见袅袅的炊烟。这就是英国历史上有名的"圈地运动"带来的悲惨后果。

那些失去土地的佃农，不得不变卖了全部家当，离开自己的家乡，拖家带小，四处流浪。他们一窝蜂地拥入城市，在花完身上最后一分钱的时候，要么饿死道旁，要么去沿街乞讨；夜晚只得栖身在富人的屋檐下。

当时的英国国王叫亨利七世，他看到城市被逃难的农民搅得乱糟糟的，说不定啥时候要闹出大乱子；也担心流浪汉越来越多，谁来给他当兵纳税呢？于是，他制定了一条惩治流浪汉的法律。亨利七世死后，他的儿子亨利八世继位，把这条法律变得更加残酷无情：凡是未经许可，流入城市的农民，一旦被抓住，就要被打得遍体鳞伤，然后押回老家；如果再被抓到，除了挨鞭子，还要割去半只耳朵；等到第三次被抓住，立即送上绞架，决不轻饶。这样，亨利八世在位期间，被当作"盗贼"处死的流浪汉就有 7 万多人。

可怜那些被剥夺了土地的农民，留在家乡得活活饿死；种惯了地的庄稼人，出外也很难找到别的活干；沿街乞讨，又要被关入监牢；如果铤而走险，去偷窃、抢劫，等待他们的将是绞架。真是上天无路，入地无门啊！

就在成千上万的农民死于非命的时候，成千上万只羊儿却在牧场上、羊圈里欢蹦乱跳哩！这不就是因为它们走了运，农民们才送了命吗？当然，说到底，吃人的不是羊，而是那些靠卖羊毛，靠生产呢绒发财致富的贵族地主和资本家啊！

"一面穷困不堪，一面又奢侈无度"，就是在这样一个黑暗的"羊吃人"的时代，莫尔写出了一本对未来充满美好希望的《乌托邦》。大概，一个勤于思索的人，越是生活在黑暗的社会里，就越是向往光明的未来。他在《乌托邦》里，不但描述了美好的未来，而且真实地记叙了英国圈地运动给农民带来的痛苦，一针见血地指出："绵羊本来是那么驯服，吃一点点就满足，现在据说变得很贪婪很凶蛮，甚至要把人吃掉……田地、家园、城市要被蹂躏完啦。""羊吃人"这个英国资本主义发家的秘密，就是由莫尔第一个揭露出来的！

先进的思想，只有进步的人才能说出，闪光的真理，只有敢于坚持真理的人才能得到。在 500 年前的英国，他能够看出私有制是穷人贫困和不幸的根源，写出《乌托邦》，在人类历史上破天荒地提出空想社会主义的思想，描绘出一个公有制的乌托邦，该有多大的勇气和智慧啊！

学识渊博的小僧侣

莫尔名叫托马斯，莫尔是他的姓。莫尔死后五六十年，在意大利出了一位和他同名的空想社会主义者——托马斯·康帕内拉（1568—1639）。康帕内拉也写了一本有趣的小说，叫《太阳城》，和《乌托邦》同样有名。

说来也奇怪，为什么两个托马斯都能把未来世界描绘得形象逼真，令人神往呢？难道是因为他们特别聪明吗？当然不是。历史上的空想家，大多是些很好学、很有知识的人，他们对千百年来人类积累的文化都有很深的了解，并且竭力用自己的头脑去鉴别哪些是对的，哪些是错的，从中探求人间的真理。所以说，他们对未来社会的设想，并不是胡思乱想出来的。

康帕内拉也是个学识渊博、追求真理的人。

康帕内拉从小十分喜爱文学，13岁就能作诗。可他父亲是个穷鞋匠，没钱送他上学。后来，因家中日子越来越难过，不满15岁的康帕内拉被送进了修道院。

修道院是天主教培训神父的学院。康帕内拉却把那儿当成了学习的好地方。他如饥似渴地阅读各种书籍，倒不是想做个虔诚的僧侣，而是要从书中寻找真理。康帕内拉读的书真多啊，有古希腊大哲学家柏拉图的《理想国》，莫尔的《乌托邦》，意大利哲学家布鲁诺的哲学著作，还有天文学家哥白尼和伽利略写的书。

（伽利略和康帕内拉是同时代的人。伽利略受天主教会的迫害，康帕内拉还为他辩护过呢！）康帕内拉曾经在一首诗里这样写道：

我整个身体在一小把脑髓中，——可是我贪婪地阅读的书却多得全世界也装不下。

我的贪得无厌的胃口是填不饱的，老是感到饿得要命。

康帕内拉年纪轻轻，就已经很有学问。有人问他怎么会这样长进，他风趣地回答："成功的决窍很简单，那就是既不要吝惜精力，也不要吝惜蜡烛。"康帕内拉确实常常借着昏暗的烛光读书，直到天明。修道院发的蜡烛本来是供一个月用的，可他不到一个星期就点光了，常常不得不请求修道院再发一些给他。

康帕内拉一生因冒犯教会，参加反抗西班牙殖民统治的活动，多次被捕入狱。原来，康帕内拉小时候，他的家乡就被西班牙的封建主占领了。在侵略者铁蹄的蹂躏下，到处是破烂的茅舍、瘦弱的牲口和荒芜的葡萄园。为了用死亡威胁不屈的人民，侵略者还在广场上竖起绞架，上面经常悬挂着意大利反抗者的尸体。

康帕内拉的心中，从小就燃起了仇恨西班牙侵略者的怒火。他痛恨天主教的专横，更不能容忍侵略者的暴虐。对真理的追求和对自由的渴望，使他投入了反抗封建统治者和西班牙侵略者的斗争。

1598年，康帕内拉组织了一次武装起义。结果，由于叛徒出卖，遭到了失败，他被捕了。

从此，康帕内拉开始了漫长的铁窗生活。他先后蹲过50余处监狱，受过7次酷刑。在一次持续了40小时的刑讯中，康帕内拉被打得遍体鳞伤，气息奄奄，接着又被扔进一个地窖里。狱卒们管这个地窖叫"鳄鱼坑"，里面阴暗潮湿，到处是老鼠和毒虫。一般人在里面，用不了几天，不被折磨死，精神也会被完全摧垮。可这一切丝毫没能动摇康帕内拉的坚强意志，他始终没有吐露起义的半点真情。

康帕内拉把自己比作古希腊神话中的天神——普罗米修斯。这位天神从天上盗取火种，给人类带来了光明，自己却受到无情的惩罚，被锁在高加索的悬崖上。一只老鹰天天来啄食他的肝脏。康帕内拉也决心为了人民的幸福，牺牲自己的生命。后来，法庭因为找不到足够的证据，只好判处他无期徒刑。

《太阳城》是怎样问世的？

康帕内拉一生多次被捕入狱，在狱中度过了33年。铁窗使他和人民远离，酷刑把他的身体摧残，可他一刻也没有停止斗争。他拿起了新的武器——笔和纸，开始了新的战斗。他在狱中写出一本又一本著作，还想办法把它们偷偷送出牢房，为的是把真理告诉人们，给战友和同胞带来力量和希望。

这些著作中最有名的就是《太阳城》。这本世界闻名的空想社会主义小说，从写作到出版有一段很不平凡的经历。

年轻时候的康帕内拉，就很喜欢看莫尔的《乌托邦》。那个平等和幸福的社会，深深地吸引了他。建立一个消灭诡辩、伪善、残暴和贫富对立的公有制社会，成了康帕内拉终生为之奋斗的理想。

狱中长期的非人生活，使这位铁窗斗士日益向往美好的未来；牢房终年的阴森黑暗，更让他感到温暖阳光的可贵。一个光芒万丈的理想国在康帕内拉心中诞生了。他管这个国家叫"太阳城"，希望它像太阳一样，无私地给人们带来光明和幸福。

康帕内拉想象的"太阳城"耸立在一座高高的小山上。围绕城市的高大城墙上，画满了各种各样、五颜六色的东西，有数学公式图表，有形形色色的动植物，有矿石、山脉丘陵、江河湖海、雪雨雷电等，还有世界著名的历史人物、科学家和发明家的肖像，以及介绍各国生产技术的图画。通过这种直观教学，少年儿童耳濡目染，不知不觉就增长了许多自然和社会知识。谁不愿意这样有趣而有效地学习呢？

一个有人享福、有人受苦的私有制社会，是不可能真正关心下一代成长的。"太阳城"能这样注重下一代的教育，想方设法把他们培养成人，就是因为在那里废除了财产的私有制，实行了公有制。用康帕内拉的话来说："'太阳城'的人民都是富人，可同时又是穷人；他们都是富人，因为大家公有一切；他们都是穷人，因为每个人都没有私有财产；他们使用一切财富，却又不为自己的财富所奴役。""太阳城"中甚至没有家庭，一切住宅、房间里的家具、床铺都是公有的，而且每隔半年就要调

换一次。孩子们成了整个社会的宝贝。人们都
懂得，只有下一代健康成长，"太阳城"才能
前程似锦。

在"太阳城"还可以看到许多新鲜事，比
如在那里，劳动成了绝顶光荣的事情！人间的
一切财富，包括人类自身，都是劳动创造的。
可是，千百年来，在剥削阶级统治的时代，劳
动一直受到鄙视。我们中国，不也有一句"劳
心者治人，劳力者治于人"的古话吗？康帕内
拉生活的那个时代当然也不例外。然而，在"太
阳城"人人都热爱劳动，所有的工作都受到人
们的尊重；不论是从事打铁、建筑这些最繁重
的工作，还是做服务性的工作，像照顾病人、
在厨房做饭，只要干得出色，就授予他光荣称
号，在音乐声中给他戴上桂冠。

"太阳城"的理想之光，把康帕内拉的心

照得通明透亮，他恨不得马上把想好的一切写出来。可是，要在狱中写书实在是太困难了。康帕内拉好不容易才从一个同情他的狱卒手里，弄到了纸、笔和墨水。他拖着受过重刑、尚未复原的身子，奋笔疾书，每写一个字都要忍受钻心的疼痛，付出惊人的毅力。最让他恼火的是，他还得时时刻刻提防狱吏查监，稍不留心，写出的底稿就会被没收。后来，因为康帕内拉有病，父亲和弟弟被准许到狱中来照看他。这真叫康帕内拉喜出望外。他叫家人"望风"，自己加紧写起来。

写出书来，怎样送出去呢？这又多亏了一位在狱中做事的好心的女护士。她恰好住在康帕内拉牢房的上面。每天，康帕内拉把写好的手稿系在一根绳子上。女护士把它吊上楼，再送出监狱。这样，虽然康帕内拉还关在狱中，

《太阳城》却已经由他的好友印成书，在人民中间广泛传播开了。

　　《太阳城》说出了当时人们渴望消灭阶级和贫富不均的愿望。它也和《乌托邦》一样，作为一部早期空想社会主义的杰作，400年来一直受到人们的欢迎。当然，"太阳城"并不是尽善尽美的，就说那里的居民吧，身上落后的东西还不少呢！比如，他们还很迷信，还崇拜什么"太阳神"，相信什么"占星术"（靠着观察天上星辰运行来预言人事祸福的一种巫术）。康帕内拉的空想社会主义，离科学还有一段不小的距离呢！

说出真理的《遗书》

　　18 世纪，资本主义已由简单协作发展到工场手工业，空想社会主义也摆脱早期纯粹虚构的幻想，开始更多地面向现实，对共产主义进行理论研究和探索。这一时期，法国出了个空想家，名叫梅叶。

　　梅叶（1664—1729），在空想社会主义者当中，是第一个坚定的无神论者。

　　这么说来，梅叶以前的空想家还信神信鬼吗？是的，多少都信一些，就连他们向往的理想国中，人们也还信奉宗教呢！在乌托邦，人们信基督教；在"太阳城"，大伙儿崇拜太阳神。这一点，也是莫尔他们的空想社会主义中的落后东西。不过，这也难怪他们。欧洲从中世纪开始，天主教统治人们1000多年，宗教迷信渗透到社会的各个角落，就是像莫尔那样追求真理的人，也很难不受影响。康帕内拉虽然怀疑过《圣经》，不承认上帝，可还是觉得，"太阳城"的居民应该有个神来供奉！

既然宗教是骗人的，是维护反动统治、阻碍社会进步的东西，迟早会有人起来揭穿它，批判它，帮助人们从宗教迷信中解放出来。

梅叶就是这样做的。

农民的悲惨生活，领主的残忍贪婪，神甫的卑鄙伪善，使梅叶无法容忍。他在教堂的讲坛上公开揭发封建领主的恶行，斥责他们对农民的残暴。他所看到的真理之光，使他不能昏睡沉沉，麻木不仁，他开始写起书来。梅叶希望他写的书能使人们睁开眼睛，看到人间的不平和宗教的荒谬，了解世界上的真理。梅叶知道他生前要公开发表自己的著作，一定会遭到不幸，就把写的书取名为《遗书》，意思是把书留到他死以后，再让人们去看。

梅叶拼命写作，他的眼睛渐渐瞎了。他曾经写信对别人说："丧失视力比丧失生命要痛苦得多……"据说，《遗书》写好以后，他曾经绝食，甚至连法国人人都爱喝的葡萄酒，他也不愿再喝一口，一心盼着早日离开人世。

梅叶是在1729年去世的。他在《遗书》的末尾这样写道："这本书在它公开以后，一定会引起教士们和暴君们对我的愤怒和咆哮。""……毫无疑义将会有人诽谤我、侮辱我，这只是因为我大胆说出了真话。让他们爱怎么想就怎么想，爱怎么判断就怎么判断，喜欢说什么就说什么，喜欢做什么就做什么吧！这些一点也不会使我苦恼了……"

对于《遗书》的遭遇，梅叶只说中了一半。

他去世后一年，《遗书》的手稿就被人发现了。就像梅叶预料的那样，因为《遗书》说出了真理，统治者又恨又怕，千方百计不让它和读者见面。可是，在法国，要看这本书的却大有人在。

《遗书》的手抄本很快就问世了，在法国各地秘密流传，每册要卖到 240 法郎，还不容易买到。后来，又有人出版了《遗书》的摘要本和改写本。这些版本也是秘密出售的。法国有位著名的资产阶级启蒙思想家，名叫伏尔泰。他在 1763 年给友人的一封信中，曾经提到，他在巴黎亲眼看见一个驼背人，在偷偷地出售《遗书》。卖书人十分机警，只把书卖给那些"胆子大的爱好者"，对于一般读者，是绝对不卖的。尽管卖书、看书的人都很小心，统治者还是嗅到了气味，几次下令焚毁《遗书》的各种版本。

当时法国的人们，无论是国王、领主，还是资产阶级的思想家和一般老百姓，只要打开《遗书》一看，都会大吃一惊的。因为，梅叶在书中，把法国的统治阶级——上至国王、天主教会，下至贵族老爷、大小官吏骂了个痛快淋漓，揭露得体无完肤。

梅叶揭穿了宗教骗人的鬼话。他告诉人们，世间根本就没有什么神灵，也没有什么上帝。任何宗教都不是神创立的，而是那些凶狠毒辣的强盗和假仁假义的骗子，为了欺骗和统治人民捏造出来的。

梅叶说，画家把那些魔鬼描绘得奇形怪状，丑恶异常，可那些贵族富豪、太太小姐比魔鬼还要凶恶万分。他们抢劫、折磨人民，使人民不幸。人们描绘的魔鬼只存在于想象之中，可那些骑在人民头上作威作福的家伙却是真正的魔鬼，正是他们给人民带来了无穷的祸害。

梅叶号召人民齐心团结，起来革命，杀死暴君，解放自己。用神甫的肠子做绞索，绞死世界上一切手握大权的老爷，消灭那头戴王冠的人。这就是梅叶向人民提出的战斗口号！

梅叶说出了穷苦人心底的呼声！对暴君的仇恨，对教会的怀疑，以战斗求生存的渴望，多少年来深藏在人们心底，但是，没什么人敢说，更没什么人敢做！梅叶却用白纸黑字把这一切写得那样清楚明白，那样震撼人心！不要说法国国王和他的大小喽啰，被吓得瑟瑟发抖，就是像伏尔泰那样进步的资产阶级思想家也吓呆了。

伏尔泰特别欣赏《遗书》中揭发教会贪得无厌、假仁假义地对待人民的部分。他曾经说过："这部《遗书》应该在一切正直人的口袋中都有一本。"

梅叶的《遗书》，在他死后135年，才由一个荷兰人按照原稿全部出版了，今天，在我们中国，也能读到它的中译本。

M****** 是谁？

　　书可以焚毁，真理却消灭不了，人们心中对美好未来的向往，更是任何力量也压抑不住的。正当《遗书》的手抄本在法国秘密流传的时候，1753年，又一部名叫《巴齐里阿达》的空想社会主义著作问世了。作者没敢在书中写上自己的真名实姓，只是署名"M******"。

　　可是，作者的谨慎似乎是多余的，这本书并没有像《遗书》那样被查禁和焚毁。也许是因为书中没有痛骂暴君的言辞，也没有抨击教会的话语，也许是因为书中诗一般的语言，生动形象的比喻格外使人爱读；它受到许多读者的公开欢迎，前后再版过两次。

让我们先来读读《巴齐里阿达》中的几个片段吧！

"在这个幸福的国土上住着一个民族"，他们"不知道万恶的私有制——这个其他世界的一切罪恶之母。他们认为大地是所有人的母亲，她对待自己的孩子毫无差别，首先向最饿的孩子敞开胸脯。在这里，人人都认为自己有责任使土地丰收，没有一个人说：'这是我的田地，这是我的黄牛，这是我的房屋'"。

"这个幸福社会的基本生活规则是：任何人都不认为自己不应当劳动，同心协力使劳动变成有趣和轻松的活动。""每当大地回春的时候，他们便高高兴兴地忙着耕种田地。被高尚的竞赛所鼓舞的人，即种地最多的人觉得自己是最幸福的。他说，我的朋友，我实在高兴，我愿意为大家做更多的、有益的工作。"

透过这些田园诗般美妙情景的描写，我们看到了一个以公有制为基础的国家。在那里，财产公有，人人劳动，为社会尽其所能，从社会取其所需。可是，当时在法国，竟然很少有人理解《巴齐里阿达》的内容。有人推崇它是一部"纯朴的寓言故事"，有人却攻击它不过是一种幻想罢了。

追求真理的探索者，在谬误的挑战面前，是不会沉默的。为了驳斥对《巴齐里阿达》的种种攻击和污蔑，为了进一步阐述和发挥书中的思想，它的作者在1755年又出版了一本著作——《自然法典》。

在《自然法典》里，作者不再用优美的文

学语言，描绘理想世界的图景，而是为未来社会制定了一部法律，规定了它在经济、政治以及科学教育等方面的原则。早在17世纪的英国，有个叫温斯坦莱的空想家，就第一个采用这种形式，写了一本名叫《自由法》的空想社会主义著作。不过，《自然法典》比《自由法》又有了许多新的发展。

比如，《自然法典》的作者第一次把生产资料和生活资料比较明确地区分开来。他说，未来社会应实行公有制，可是，每个人用来满足生活需要、用来享乐的物品除外。在这以前，莫尔和康帕内拉等空想家，总是把生产资料和生活资料混为一谈，笼统地说什么"财产公有"。作者认识到这一点是非常重要的，因为看一个社会实行的是公有制，还是私有制，关键在于工厂、土地和劳动工具这些生产资料归谁所有。

被压迫人民要想获得解放,首先也必须把地主、资本家霸占去的生产资料夺回来。人民掌握了生产资料,才能使衣食住行得到保障。

作者在《自然法典》里,也开始从理论上研究人类社会的发展过程。资产阶级学者总是把私有制说成是从来就有,而且要永世长存的东西。《自然法典》的作者却针锋相对地告诉人们,人类最早的社会是公有制,而不是私有制;人类经过私有制,最终还要建立起公有制社会,这不是幻想,而是人类历史发展的必然。

《自然法典》出版以后,同样引起了许多人的兴趣。人们纷纷打听它的作者究竟是谁。最初,一些人认为是法国著名的资产阶级启蒙思想家狄德罗。狄德罗听说以后,也没有公开否认,这就更使人信以为真。只是到后来,有人要利用这一传说,陷害狄德罗,他的辩护律师才搜集了许多材料，证明《自然法典》的作者不是狄德罗，而叫摩莱里。

摩莱里，法文写作"Morelly"。摩莱里在出版《巴齐里阿达》署名的时候，只用了他名字的第一个字母 M，而用六个星花代表了其余六个字母。

人们虽然知道了是谁，对他的生平活动却仍然知道得很少。摩莱里大约出生于 1700 年（也有说 1720 年的），去世于 1780 年。他出身于平民家庭，当过教师。关于自己的历史，这位 18 世纪杰出的空想社会主义者就给我们留下这么一点儿。

"伟大的事业在等着您！"

下面就要讲到圣西门、傅立叶和欧文了，他们被称为19世纪三大空想社会主义者。

也许我们的读者听说过，马克思主义有三个来源吧！那其中之一就是空想社会主义，特别是以圣西门、傅立叶和欧文为代表的空想社会主义。在所有的空想家当中，马克思和恩格斯对这三个人的评价最高。恩格斯说他们"是属于一切时代最伟大的智士之列的"，还称赞他们天才地预示了无数真理。

　　不过，我们的读者如果现在就想弄明白三大空想家有哪些高明的见解，他们的思想怎么就成了马克思主义的三个来源之一，可不大容易。三大空想家不再像莫尔、康帕内拉那样，把描绘未来的图景，当成最重要的事儿；也不像摩莱里那样，一心要为将来的平等社会制定一部法律，而是更加深入地研究人类社会的发展过程，全面地批判资本主义社会，详尽地设计未来理想的社会制度。他们的学说讲到了许多理论问题，三言两语还真说不清哩！

　　那么，就让我们多讲讲他们的生平事迹吧！这些伟大智士的极不平凡的经历发人深省：一个人如果要为人类美好未来的实现作出贡献，应该具有多么坚定的信念，需要付出多么艰苦的劳动，必须抛弃多少个人的名利得失，作出多么巨大的牺牲啊！

先从圣西门说起。

圣西门（1760—1825），是名门贵族的子弟。他父亲是伯爵，母亲是侯爵家的小姐。可是他小时候，性格倔强得很，不大守家里的规矩。13岁那年，按照一般贵族家庭的惯例，他该到教堂参加第一次领受圣餐的仪式，就是领一杯红葡萄酒和一块面饼，表示对上帝的虔诚。

父亲一再催圣西门去教堂，他却总不去，还说什么自己根本不信那一套。父亲气得大发雷霆，下令把圣西门关在巴黎的一座阴森可怕的监狱里。他满以为这准会让儿子驯服。可结果却大出他的意料，圣西门没有半点儿悔悟，他竟然打倒狱卒，逃出了监狱。

圣西门15岁时继承了父亲的爵位，却没有陶醉在荣华富贵的生活中。他吩咐仆人每天早晨叫他起床的时候，都要高声喊道："起来吧，伯爵，伟大的事业在等着您！"过了许多年，这喊声还依稀萦绕在他耳边，激励他前进。

1777年，圣西门满了17岁，他也和别的贵族子弟一样照规矩去当兵。军营中空虚无聊的生活，使他十分厌倦。他只能借读书来排遣心中的苦闷。

这时候，美国独立战争已经打了两年。北美原先是英国的殖民地。1775年，那里的人民举行了推翻英国殖民统治的武装起义。美国这个资产阶级的共和国，就是在这场战争结束以后建立起来的。

北美人民争取独立和自由的战斗，召唤圣西门奔向他少年时代向往的伟大事业。1779年，他以志愿军的身份赴美洲参加北美人民反抗英国殖民统治的战争。他说："这种神圣的事业是不能用金钱来酬谢的。"

圣西门在北美参加了 5 次战役。他出生入死，屡建战功；特别是在 1781 年围攻约克镇迫使英国守军投降的那一仗中，圣西门身先士卒，指挥有方，出色地完成了任务。北美起义部队总司令华盛顿（他后来当了美国第一任总统）亲自授予他一枚共和国最高勋章。

1783 年，圣西门回到法国。这时候，他已经晋升为上校了。可是，显赫的战功、荣耀的军衔并没有使他满足。他认为自己的使命不是当个军人，而是去研究"人类理性的运动，以便将来改进人类的文明"。美国独立战争使他预感到，统治欧洲的封建制度就要分崩离析，一种新的进步的社会即将诞生。

圣西门怀着"为人类造福"的强烈愿望，放弃了高官厚禄，去周游欧洲各国。1789 年，法国资产阶级革命爆发了。圣西门关心祖国的命运，更向往平等、自由的新生活，便匆匆赶回了祖国。而就在这个时候，许多像他那样的贵族，却被起义的人民吓破了胆，正纷纷逃出法国。

圣西门在法国革命的高潮中急流勇进。他向群众宣传自由、平等的思想，要求废除贵族和僧侣的一切特权，还公开声明放弃自己世袭"伯爵"的头衔，改称公民"包诺姆"（法文，老百姓、庄稼人的意思）。当地居民拥护圣西门，选举他当市长和国民近卫队队长，他却拒绝了；他告诉大家，让他这样出身的人，担任这种职务是危险的。想当初，圣西门叫人喊他伯爵，很是得意；可如今，他觉得贵族出身与革命不能相容。历史的发展，社会的进步，使圣西门变了样！

为全人类创造幸福

　　圣西门虽然同情无数穷人的命运，却不满意他们用革命的暴力来对付自己的敌人，最终退出了革命的洪流。他和一个叫列德伦的外国人合伙，做起了投机买卖。那个外国人出钱，圣西门经营。没想到，圣西门干这行当还真有两下子，没过多久，他就成了百万富翁。

　　可圣西门做投机生意，并不是为了过豪华的生活，而是为了拿钱"去购买知识"。他认为，要"造福人类"就得有知识，就得去接近教授、学者和科学家。于是，他一面做买卖，一面经常在自己的客厅里准备好丰盛的宴席，用上等的美酒款待那些有学问的人，以便当面向他们请教。他还常常慷慨地资助一些贫穷的或者初出茅庐的科学家进行科学实验，出版学术著作。

这么一来，人们到处都在议论圣西门挥金如土，大宴宾客的事。这一消息也传到了那个唯利是图的合伙人列德伦的耳中，他唯恐圣西门把自己的那份产业花光，就急忙从国外赶回巴黎。他坚决要同圣西门散伙，还玩弄诡计，把大部分财产攫为己有，只分给了圣西门其中的1/20，有十几万法郎。

圣西门倒没有和列德伦怎么计较，他早就不想做投机买卖了。为了开辟出一条使人类幸福的新路，他打算先专心致志地把自然科学搞个明白。他照旧在家里盛情招待那些学者名流，只不过没有从前那样的排场。他还经常去学校听名教授讲课，到图书馆看书。为了求学，圣西门几次搬家，先在工业大学附近住了3年，学习物理和数学；又搬到医学院旁边，去听生物学方面的课程。他还到过瑞士，游历了英国和德国，考察那些国家科学研究的状况和发展趋势。

经过5年奋发努力，圣西门成为当时最博学的人之一，可他从列德伦那里分到的钱，已经花得分文不剩了。他曾经热情款待过的朋友，这时候都不再登门，甚至对他一封封请求帮助的告急信也置之不理。到这会儿，圣西门才真正尝到了人情冷暖、世态炎凉的滋味。

圣西门只得去一家当铺当誊写员。他一天到晚，手不停笔地抄写，一年的收入总共才1000法郎，刚够他糊口。就是在这样困苦恶劣的环境里，42岁的圣西门开始著书立说了。他只能在晚上写作，桌旁昏暗的灯光常常亮到天明。过度的劳累毁坏了圣西门的健康，他咳血了。但是，疾病没有使他放下手中的笔。

1803年，他的第一部著作《一个日内瓦居民给当代人的信》匿名发表了。

圣西门在度过二三十年的艰辛岁月以后，由一个贵族变成了一个穷人，由一名军人变成了一名学者，由一个封建社会的叛逆变成了一个空想社会主义者，他终于找到了自己真正伟大的事业，那就是为工人阶级和人类的幸福，去构想一个空想社会主义的理论大厦。他的信心和力量来自何处？就是来自他对科学和历史的广泛了解，对工人阶级和贫苦人民的深切同情，对资本主义社会的无比憎恶，对未来美好社会的强烈向往。在圣西门生命的最后10多年里，他写了许多重要著作。

这些著作的价值是巨大的，用恩格斯的话说，"在圣西门那里看到了天才的远大眼光"。圣西门的思想包含了许多真理的萌芽。比如，他在历史上第一次指出，所有制是社会大厦的基石；他提出人类社会的发展是有规律的，每个新的社会制度代替旧的社会制度，都是人类社会的进步；他还指出，资本主义社会"真正是一个黑白颠倒的世界的写照"，经济上的无政府状态是"一切灾难中最严重的灾难"。

圣西门晚年的境遇稍好一些，生活比较安定了，也有了几个学生。

1825年4月，圣西门逝世前一个月，他的最后一部著作《新基督教》发表了。在这本书里，圣西门宣告他努力的最终目的是工人阶级的解放。

新书出版的第二天，圣西门忽然病倒了。5月19日，他的病情加剧。在生命垂危的时刻，他用微弱的、断断续续的声音，对守护在床前的学生们说：

"我的一生走过艰难曲折的道路，目的就是要为全人类创造幸福……为了要完成这一伟大的事业，就需要有顽强不息的精神……现在，果子已经成熟，只等你们去采摘……"

说完这番话，他才慢慢闭上双眼。

不愿继承父业的老实人

三大空想家中，有两位法国人，一位是圣西门，另一位就是傅立叶。

傅立叶（1772—1837），比圣西门小 12 岁。他父亲是一家呢绒商店的老板，虽然学识不高，却善于经商理财。他母亲的家里也是做买卖的。他舅舅是个大富商，曾经花了一大笔钱，买了个贵族头衔来显威风。

在那个人剥削人的社会里，谁要是不坑人、骗人，就很难发财致富。傅立叶的父亲也不例外。令人纳闷的是，生活在那样阴险欺诈、唯利是图的环境中，傅立叶却是一个十分诚实、富有同情心的孩子。

傅立叶从小就很可怜亲友中那些不幸的人和沿街乞讨的穷人。他常常把自己的早点悄悄送给来要饭的人。

傅立叶六七岁时，有一天，跟人到父亲开的呢绒商店玩耍，恰巧看见一个伙计正在欺骗顾客。他赶紧跑上前去戳穿了骗局，没让顾客上当，可过后，这个老实的孩子却挨了父亲一顿痛打。这件事给傅立叶留下了很深的印象。他后来对别人说，他在童年时代，有时候会因为正直、不想说谎作假而吃苦头，而他咒骂商业的欺诈的罪恶，就是从 7 岁那年开始的。

上中学时，傅立叶的成绩很好，而且兴趣十分广泛。他努力钻研数学、几何学和物理学，还喜欢上地理课，常省下零用钱，去买各种地图。他对音乐、诗歌和绘画也十分爱好。他会好几种乐器，还能作曲。在吉他伴奏下，放声高歌，是最让他开心的事。他写过诗，画也画得不错，真称得上是一个多才多艺、富有情趣的少年！他的房间里总是摆着许多鲜花，这成了他终身不变的习惯。据说，傅立叶从小就羡慕军队中严格的生活制度，士兵们排着整齐的队列在大街上前进，常引得他跟在后面观看。

然而，傅立叶却不能从他的爱好中选择一样，作为自己将来从事的职业。因为按照当时商人的传统，他作为独子，必须继承父业，家里要让他在商业上出人头地，飞黄腾达。

老傅立叶可算是一个狡猾的商人，他大概怕日后儿子会自行其是，便在临死前（那年，傅立叶刚刚 9 岁）立下遗嘱，把自己的财产分成三份，如果傅立叶经商到 20 岁，可以得到其中的一份；如果继续干下去，并且结了婚，25 岁的时候，可以得到第二份；然后到 30 岁，才能拿到全部财产。这个老谋深算的商人，在死后，还继续用"巧妙"的遗产继承法强迫儿子服从自己的意志。

中学毕业后，傅立叶很想到军事工程学校深造，将来当一个军事工程师。母亲却不同意。在革命前的法国，只有贵族子弟才能进这种学校。虽然有钱人可以买贵族头衔，可家里哪肯为傅立叶花这笔钱！他们硬是把傅立叶送到商人那里学做生意。他曾经逃跑过两次，但是最后终于屈服了。

这以后，傅立叶一直在里昂经商。里昂是当时法国仅次于巴黎的一个大城市，这里的资本家和商人最集中，工人也最多。虽然 1789

年资产阶级革命推翻了封建统治，可仍然到处是豪富和贫困的对立。资本家取代了贵族老爷，过着豪华奢侈的生活，成千上万的工人却继续挣扎在死亡线上。当时里昂的织布工人总是天不亮起来，一直工作到深夜，一天有十七八小时不能离开织布机，工资却少得可怜。维持他们生命的是十分微薄的食物，繁重的劳动使他们过早地衰老和死亡，人们甚至认为工人永远会断子绝孙。一个个病倒的工人，被送进医院。可他们在那里盼望的，不是赶快治好病，而是求得一服能马上摆脱人间悲惨生活的毒药。

苦役般的劳动、贫困、愚昧、卖淫、失业、饥饿，因为血汗耗尽而过早地死去，这就是里昂男女工人的命运。这一切深深地印刻在青年傅立叶的脑海中。

为了做生意，傅立叶在那些年里，经常去

法国的一些城市，也到过英国、德国和荷兰。他在各处都亲眼看见了"商业的卑鄙龌龊"！贪得无厌的资本家，招摇撞骗的商人，采取种种无耻的手段，使老百姓陷入饥饿贫困，而自己却大发横财。从小就富于同情心的傅立叶，面对这一切怎能无动于衷？

虽然对这个黑暗的社会恨之入骨，傅立叶却无力摆脱那一切。1792年，年满20岁的傅立叶，得到了父亲的第一份遗产，就在里昂开了一家商店，也当上了商店老板。一年以后，他的买卖正做得顺手，一件意外的事情竟使他彻底破产了。不过，傅立叶并没觉得有多大的倒霉，反而感到庆幸，因为他总算摆脱了那可憎的商人职业。

一个苹果的启示

但是，傅立叶仍旧没能从商业中逃脱出去。几年以后，他为生活所迫，又不得不去干他十分讨厌却相当熟悉的旧行当。不过，他不再是老板，而成了那些老板的手下人；他先后做过会计员、出纳员、发行员和推销员。

据傅立叶自己说，就在他为资本家做生意的时候，一个苹果启发了他，促使他开始一项新的事业：研究社会的运动规律，寻找医治社会痼疾的药方。

有一次，傅立叶从外省来到巴黎，到一家饭馆吃饭。饭后，他买了一个苹果，竟花去了14个苏（当时法国的货币单位之一）。这真让他大吃一惊。因为在外省，用这么多钱，可以买到一百多个一样大、一样好的苹果！这其中的奥妙在哪里呢？

从此，傅立叶就琢磨开这些几乎无人理会的问题。他一面干着商业职员的繁重工作，一面深入研究，经过四五年的努力，终于找到了问题的答案。苹果的不同价格，社会存在的种种罪恶，原来都是由资本主义制度本身造成的。傅立叶把资本主义称作"颠倒世界"或者"社会地狱"。他说，这个制度"只是巧妙地掠夺穷人和使富人发财致富的组织"，富人是"坐在黄金上的阶级"，他们勾结在一起掠夺穷人。

傅立叶列举了资本主义商业的36种罪恶，

其中有：囤积居奇、投机倒把、买空卖空、哄抬物价、重利盘剥、掺假掺杂、制造饥荒、危害健康、偷运走私、贩卖黑奴，等等。

同样的苹果，价钱竟能相差 100 多倍，都是那些唯利是图的商人搞的鬼。商人为了抬高物价，多赚钱，故意把商品囤积起来不卖；有时候因为存得太多，甚至得把商品毁掉。那个时候，800 万法国人没有面包吃，同时却有许多粮食被一把火烧光；2500 万人喝不上葡萄酒，大批葡萄酒却被倒进臭水沟里。傅立叶用亲身的经历证明说："我作为商店店员，曾经亲自领人干过这种可耻的勾当，有一次竟逼着人把 200 万千克大米抛到海里去。"

傅立叶对资本主义的经济、政治和法律还有很多精辟的批判。比如，他第一次把资本主义社会的经济危机叫作"生产过剩引起的危机"。他指出，资本主义社会的法律，是"虚伪的法律"，它让"坐在黄金上的阶级"享福，却让穷人永世受苦；它让盗窃国家巨款的富商逍遥法外，却把仅仅偷了一棵白菜的穷人送上绞架。

大盗可以为所欲为，小偷却罪该万死，这就是所谓"文明制度"的法律！

这些对资本主义制度的批判，多么深刻而又机智，真是嬉笑怒骂，妙趣横生，处处闪烁着智慧的火花。恩格斯说得好："傅立叶不仅是批评家，他的永远开朗的性格还使他成为一个讽刺家，而且是自古以来最伟大的讽刺家之一。"

仅仅批判资本主义制度，傅立叶并不满足，他还设想了一个称为"和谐制度"的理想社会。在这个社会里，人们组成了许多生产和消费的协作社——"法郎吉"（源于希腊语，是"步兵队伍"的意思）。

每个"法郎吉"有1600多人，分成果园队、种菜队、木工队、纺织队等许多生产队。一个人在一天里，可以先后从事多种工种，一种工作最多只干2小时。这样就把工业劳动和农业劳动结合起来了。

在"法郎吉"里，人们想干什么活，就干什么活，还经常开展劳动竞赛，在工作休息时组织联欢会，这就使得人们把劳动看成是一种娱乐和享受，生产效率也就大大提高了。

"法郎吉"把人们的日常生活也组织得井井有条。大家住在一座能容纳一两千人的大厦里。傅立叶管这座大厦叫"法郎斯泰尔"。大厦的主楼中有食堂、交易所、教堂、电报局、图书馆和冬季花园等。大厦左边是工厂，右边是住宅和集会大厅。所有这些建筑物都由长廊连接起来；人们在里面来往，可以风雨无阻。

傅立叶以前的许多空想社会主义者，都主张搞平均主义，就是说，既然实行公有制了，那就不管男女老少，不管对社会贡献大小，人人都吃一样的饭，穿一样的衣服，住一样的房子。可是傅立叶坚决反对这种平均主义。比如，他设想的大厦里的房间，就有大有小；设备有高级的，也有普通的；食品有山珍海味，也有粗茶淡饭；每个人可以按自己的收入多少，租用不同的住房，选吃不同的饭菜。

1832年，傅立叶的门徒真的组织起一个"法郎吉"。因为没有征集到多少钱，"法郎吉"的规模比设想的小得多，只有150人参加，而且出乎傅立叶的意料，他们当中没有一个富人，几乎都是工人。尽管有傅立叶的领导，这个"法郎吉"存在了一年，就宣告解散了。傅立叶本来想通过自己的试验，向全世界指明改造社会的道路，可他的失败恰恰证明，在资本主义制度下，靠一些和平试验，根本达不到改造社会的目的。

傅立叶数十年如一日从事写作和宣传自己的学说，经常工作到深夜，先后发表了《全世界和谐》《四种运动论》《宇宙统一论》《论商业》等著述。他为自己的理想社会设计了"法朗吉"式的和谐制度，可自己直到晚年，依然过着清苦而孤独的生活。

1837 年 10 月 10 日清晨，傅立叶穿着整齐地伏在床边，可是已经一动也不动了。这位伟大的空想社会主义者就这样悄无声息地离开了人世。

工厂主成了慈善家

　　当资产阶级革命的风暴席卷法国的时候，英国正在进行一场轰轰烈烈的工业革命。和圣西门、傅立叶并称三大空想社会主义者的欧文，就是在英国工业革命中出现的。

　　英国早在1640年就爆发了资产阶级革命。一个个资本主义工场到处建立起来。不过，在这些工场里，主要还是靠手工生产。到了18世纪60年代，英国纺织工人哈格里夫斯设计和制造了"珍妮纺纱机"，纺纱效率一下子提高了几百倍。打从这儿起，英国工业革命就开始了，大机器生产逐步代替了手工劳动，资本主义的大工厂逐步代替了手工业工场。世界上第一部织布机、第一台蒸汽机、第一台蒸汽机车、第一条铁路、第一艘汽船，都是在工业革命中诞生的。工业革命使社会的生产十几倍、几十倍地增长，创造出了多得令人难以置信的物质财富。

照理说，机器的使用，减轻了繁重的体力劳动，生产出又好又多的产品，工人的生活总该过得比从前好些了吧？事实恰恰相反。贪得无厌的资本家利用机器更残酷地压榨工人。为资本家创造出无数财富的劳动者，陷入更深重的痛苦和灾难中。工厂主大量雇用廉价的女工和童工，逼他们一天干十几小时的活儿。

纺织厂童工 12 小时内要在机器旁来回走

30多公里。成年工人的工资不断下降。劳累、饥饿、疾病使得成人的寿命缩短，童工大批夭折。工业革命的恶果，不由得使人们想起英国当年"羊吃人"的惨象。资本主义每发展一步，都要给劳动者带来多少新的灾难啊！

就在大小资本家利用工业革命浑水摸鱼、大发横财的时候，一位与众不同的29岁的工厂主以改革家的身份出现了。他一心一意想的竟不是怎样榨取工人血汗来发财致富，而是要在工业革命中进行一番试验，来实现自己的理想：既增加工厂主的财富，同时也要让工人的生活好起来！

工厂主竟然要为工人谋利益，听起来真是新鲜！可这毕竟是事实。这个工厂主不是别人，就是著名的英国空想社会主义者欧文。

欧文（1771—1858），出生在英国一个贫困的家庭，他父亲是个手艺人。他9岁就做了商店的学徒，一直到18岁。

店员的艰苦生活磨炼了欧文的意志，长期刻苦的自学使他积累了丰富的知识。当店员，和形形色色顾客的接触，更使他对社会上各种人物都有了比较深的了解。欧文觉得自己也能干一番事业了。他辞掉商店的工作，先和一个熟人合开了一家小工厂。第二年，欧文就自己办起工厂来，不过规模很小，只雇了3个工人。别看厂子小，在欧文的经营下，一年就赚了300英镑。很快，欧文管理工厂的才能被一些资本家看中了。一个工厂主请他去有500人的工厂当经理。欧文一去，就按照自己的理论进行了初步的试验；没有多久，产品质量就有了很大提高，工厂的利润也增加了不少。从此，欧文善于经营的名声，逐渐在英国的资本家中传开了。那会儿，他才 20 岁。

1799 年，28 岁的欧文到英国拉纳克这个地方，担任了一家大纱厂的经理，管理 4 个棉纺厂、1 个村落和 2500 名工人。欧文把这家工厂改名为新拉纳克棉纺厂，他的大规模试验就是从这里开始的。

欧文刚去新拉纳克棉纺厂时所看到的一切，和英国当时别的工厂没有什么两样：工人们每天要工作十几小时，工资却少得可怜，还常常遭受监工的鞭打；他们住在终年不见阳光、潮湿肮脏的工棚里；伙食更是糟糕，而且根本吃不饱。工人中有失去土地的农民，有破产的手工业者，有流浪汉和乞丐，还有从孤儿院来的儿童。在苦难的重压下，这些人早就对生活丧失了信心，下工以后，不是酗酒、赌博，就是偷窃、斗殴。

那会儿，欧文还没有认识到，这一切是资本家残酷压榨工人造成的，是资本主义私有制的恶果，他只是认为：人的性格好坏，不是天生的，主要是受环境影响形成的。有些人的品质恶劣，过错也不在他个人，而在于培养人的环境有缺陷。因此，要使人有所改变，首先要改变周围环境。

于是，欧文把工人的劳动时间缩短到 10 个半小时，同时，提高了工人的工资。1806 年，工厂因为短缺棉花被迫停工 4 个月，他照样每月发给工人工资。他为工人修建了新的住宅，向工人宣传讲卫生、爱清洁；还设立了工厂商店，工人可以从这儿买到比较便宜的衣服和食品，不再受商人的盘剥。他还设立了公共厨房和食堂，减轻工人的家务劳动；举办了工人互助储金会、保险部和医院；等等。欧文还取消了对工人的惩罚制度，改用说服教育的方法。

欧文不仅为工人，更为他们的孩子着想。他为孩子们办起托儿所、幼儿园和模范学校，请来有知识、有耐心、喜欢孩子的人当教师。欧文要求不让孩子们死记硬背，而要发挥他们的想象力，激发他们的好奇心，引起他们对各种事物的兴趣。在欧文办的幼儿园里，老师们通过游戏来教育孩子，孩子们一开始就感到学习是一件快乐的事。2岁的孩子就学跳舞，4岁以上的孩子开始学习唱歌。老师在亲切友好的聊天中，回答孩子们提出的各种问题，帮助他们认识周围的事物。幼儿园还教育孩子们不要欺负别的小朋友，而要互爱互助，使大家都和睦愉快。欧文一心要把工人的孩子从小就培养成诚实、勤奋、用心、爱清洁、讲节制、有强烈求知欲的一代新人。

欧文进行这些改革，看来得花不少钱，兴许会使工厂的利润减少吧？结果恰恰相反，由于工人对改革越来越感到愉快和满意，劳动积极性大大提高，工厂产值反而增加了一倍多，给工厂带来了更多的利润。新拉纳克工人区也变成了一个"完善的模范移民区"。在那里，警察和法官变得无事可做，工人们也不再需要什么人来可怜了。

欧文在新拉纳克棉纺厂改革的成功，轰动了欧洲。各国的达官贵人、王公大臣，形形色色的资产者和慈善家，都纷纷到新拉纳克参观、访问。当然，来得最多的还是那些资本家，他们想探听欧文获得优厚利润的秘密。10年之间，去那里的人不下2万。欧文也博得了欧洲最有名望的"慈善家"的美名。

"真正坚强的人"

在新拉纳克棉纺厂的改革，使欧文名扬天下，也使他的工人们心满意足。但是，欧文却不满足。

他经常在思考一个问题：新拉纳克棉纺厂 2500 名工人创造的财富，在不到半个世纪以前，要用 60 万人才能生产出来。而这 2500 名工人消费的财富，比 60 万人用去的少得多，这中间的差额跑到哪里去了呢？2500 名工人跟过去 60 万人干的活儿一样多，靠的是机器。可那机器，还有用机器制造的产品，还不都是由工人们创造出来的吗？工人们创造的财富应当属于工人自己，为全人类的利益服务，可是资本家却把这一切作为利润占为己有。欧文实际上已经通过计算的方法懂得，资本家的利润来自对工人的剥削。因此，他得出结论说，虽然新拉纳克的工人的生活有所改善，但是，他们的地位没有改变，仍然是他这个工厂主的奴隶。

劳动者劳而不获，剥削者不劳而获；工业革命创造了巨大的生产力，本可以用来消除贫困和落后，可是在现实生活中却依然充满了无知、贫苦、疾病、不和睦和犯罪。欧文终于认识到，这一切都是由可恶的私有制造成的。私有制把富人变成"衣冠禽兽"，使世界成为地狱。

欧文曾经是一个资本家，他的经历使他懂得了资本主义剥削的秘密，可是他不想利用这个秘密发财致富。相反，他坚决主张取消私有制，建立一个没有剥削的新社会。这样，欧文就由一个慈善家变成了空想社会主义者。

当欧文还是一个慈善家的时候，他处处受到英国有钱人的尊敬和欢迎，甚至连王公贵族都愿意听他讲话。然而，在欧文提出了他的空想社会主义的理论以后，情况就完全变了。资产阶级、反动僧侣和政府官员开始攻击和迫害他，把他从资产阶级的上流社会中赶了出去；他的社会主义思想的宣传也遭到了报刊的封锁。但是，这一切并没有动摇欧文的信念。他一面著书立说，宣传自己的理论，一面开始了新的试验。

1824年，欧文不顾妻子的反对，带领4个儿子和一批信徒，漂洋过海到了美国，在印第安纳州买了120多平方千米的土地和一些房屋，建立了一个名叫"新和谐公社"的社会组织。欧文打算在公社内实行一种财产公有、没有阶级、没有剥削的新制度。在公社里，人人各尽所能，努力劳动。每个人既从事农业劳动，又从事工业劳动，还能搞科学研究。公社实行平等的按需分配。欧文也很重视公社儿童的教育，他提倡把教育与生产劳动结合起来，培养全面发展的人。欧文幻想通过他带头试验，先搞出一个模范公社，然后把他理想的公有制社会"从公社传到公社，从国家传到国家，从洲传到洲，最后遍及全球，对人们的子孙后代放出光芒，散布芳香和富足、智慧和幸福"。

但是，结果呢？"新和谐公社"在惨淡经营了4年之后，遭到了完全的失败。这是因为"新和谐公社"处于资本主义汪洋大海的包围之中；社员的成分又很复杂，抱着各种目的来到这里，缺乏统一的思想；少数领导人光是指手画脚，不参加劳动；经营管理方面又缺少经验。最后，欧文只得用低价变卖了土地、房屋，结果损失了 4 万英镑（这几乎是欧文的全部财产）。

1828 年，欧文把自己的 4 个儿子留在美国，孤身一人返回英国。这时候，他已经白发苍苍，年近花甲了。欧文人老了，可他的心还是那样年轻，充满了活力。在美国的试验失败以后，他开始转向英国工人阶级，到工人中间去活动。

欧文又先后进行了几次试验：帮助工人群众组织消费合作社和生产合作社，开办"劳动公平交换市场"。结果，也都遭到了失败。资产阶级怎么能允许工人们联合起来，摆脱资本家的剥削，自己去创造自己的幸福呢？

欧文在资本主义制度下，进行共产主义的

试验，虽然屡遭失败，却从未灰心丧气。这位被马克思誉为"真正坚强的人"，为宣传他的空想社会主义思想一直工作到将近 90 岁的高龄。1858 年，就在他去世前不久，还曾到一个会上去作学术报告。

欧文的工作没有白费。他的关于消灭工农差别、城乡差别、脑力劳动和体力劳动差别的思想，平等劳动的义务和平等取得产品的权利的思想，以及教育和生产劳动相结合的思想，至今仍然闪耀着真理的光芒。他的试验也从反面深刻地教育后人：通过和平途径来改造充满阶级压迫的社会，只是一种空想而已。

"无产阶级的童鞋"

19世纪40年代以后，就没有多少空想社会主义者好讲了。从那以后，空想家当然还有，可称不上"伟大"了。

当时，资本主义社会的种种矛盾已经明显地暴露出来，工人阶级作为独立的政治力量登上了历史舞台。在法国里昂的工人武装起义、英国无产阶级的宪章运动和德国西里西亚纺织工人起义中，发出了被压迫者的怒吼：推翻资产阶级统治，消灭私有制！站起来的无产阶级渴望知道，他们的斗争能不能取得胜利，怎样才能取得胜利。可是，空想社会主义者却回答不了这些问题。他们还在向群众宣传那一套幻想的图景和方案。就在这时候，马克思和恩格斯出来回答了人类先进思想提出的种种问题，创立了马克思主义，把社会主义从空想变成了科学。就是说，他们终于发现了人类社会发展的规律，揭示了资本主义社会从产生、发展到灭亡的必由之路。他们的理论不但增强了无产阶级争取解放的必胜的信念，而且给无产阶级指明了消灭私有制、建立社会主义的康庄大道。

马克思、恩格斯创立科学社会主义的时候，曾经努力地研究空想社会主义，他们对许多空想社会主义者提出的重要观点和学说，都重新进行过探讨和批判，并且在工人运动中一一加以检验，这才得出了科学的结论。而和他们同时代的一些空想社会主义者却不愿再前进一步，不愿抛弃自己的空想，接受科学的理论。这样，昔日的伟大空想家，就变成了渺小的落伍者，甚至革命的反对者。

19世纪三四十年代，德国有位空想社会主义者，叫魏特林。从他身上可以看到一位空想家在新的时代中，是怎样从伟大变得渺小的。

魏特林（1808—1871），出生在一个穷苦的裁缝家里。他上小学的时候，一边念书，一边还得到裁缝店去当帮工。

小学毕业以后，魏特林当上了裁缝。当时德国的许多青年工人，都先要到德国各地，还有瑞士、法国逛上几年，再找个地方住下来当师傅。魏特林也不例外，他先是走遍了德国，又到了法国巴黎。在巴黎，他读了许多空想社会主义者的著作，也亲眼见到了法国各阶级之间的激烈斗争，逐渐形成了自己的空想社会主义思想。1838 年，他写的第一部著作《现实的人类和理想的人类》出版了。他在这本书里指出，只有通过工人阶级的革命暴力消灭私有制，共产主义才有实现的可能。他向无产阶级大声疾呼："你们不要相信，通过你们同敌人和解会得到什么，你们的希望只在你们的宝剑上！"

1840 年，魏特林从巴黎到了瑞士的日内瓦，在一家裁缝店里干活，日子过得也很苦，可他始终生气勃勃地进行着革命活动。他创办了名叫《年轻一代》的期刊。它的主要作者和读者都是工人。恩格斯赞扬它说："从一开始它就胜过了法国共产主义者办的大部分刊物。"

魏特林在办杂志的同时，还写完了他的主要著作《和谐与自由的保证》。书写好了，他却没钱出版。这时候，有 300 名工人拿出自己的钱，凑够了印刷费，使这本书在 1842 年底同读者见面了。

《和谐与自由的保证》受到了法国、瑞士和德国工人的热烈欢迎。德国的一位工人回忆说："当时有很多工人都读过这本书。由于能弄到这本书的人并不多，我们就只能传阅。这本书我读过三遍。于是，我才开始想到，世界上的一切都是可能变化的……"魏特林的书就是这样深刻地启发了工人的觉悟。

德国卓越的诗人海涅也说这本书是"德国共产主义者问答教科书"。马克思则称赞它是德国工人的"史无前例光辉灿烂的处女作"，把它比喻成"无产阶级巨大的童鞋"。这是一个既生动，又有深刻含义的比喻：虽然眼前童鞋还小，但它会随着孩子的茁壮成长而变大，前途实在未可限量。

《和谐与自由的保证》给魏特林带来了巨大的声誉，使他得到了"德国第一个共产主义理论家"的美名。

统治者也开始注意这位到处宣传共产主义的"危险人物"了。1843 年，瑞士当局逮捕了他，指责他为革命学说辩护，判了他 6 个月的徒刑。统治者的迫害没能阻止共产主义思想的传播，反而使魏特林在工人中间的名声更大了。1844 年，当魏特林从瑞士来到英国伦敦的时候，英、法、德等国的工人把他作为"德国共产主义者的勇敢和天才的领袖"来欢迎。

生活的穷困不曾使魏特林气馁，敌人的迫害也没能使他屈服，可那一阵又一阵的赞扬声，却使他飘飘然起来。他不再千方百计去弄清共产主义社会究竟应当是什么样子，而把自己当成工人阶级的"救世主",认为自己口袋里装着一个能在地上建成天堂的现成图纸。

其实,照魏特林的图纸,是建不成什么天堂的。因为,尽管他的学说对于当时德国无产阶级的觉醒起了很大的作用,可仍然是一种空想社会主义。比如,他追求的公有制就是绝对平等,这还是小生产者绝对平均主义的幻想。他主张"革命"和"暴力",但他认为,只要依靠少数人的密谋暴动,人类就能够在 24 小时内过渡到共产主义!更可笑的是,他还把共产主义和早期基督教等同起来,说他在基督教的《圣经》里找到了共产主义的依据。

但是,魏特林看不见自己的弱点和错误,他忘了自己说过要继续"改进"理论的话。当他的著作受到一点儿批评的时候,他就怨天尤人,说这是因为他才能出众,受到别人的嫉妒。

1844年，魏特林给马克思去信，要求和他建立通信联系。马克思虽然不同意魏特林的主张，可是对这个工人出身的理论家十分关心，吸收他参加了布鲁塞尔共产主义通讯委员会，经常和他通信，还多次同他诚恳地交谈，希望他抛弃错误观点。马克思还给魏特林不少物质的援助。可是，这种同志式的温暖感情，并没有使魏特林走到正确的道路上来。魏特林妄自尊大，拒绝接受科学社会主义的真理。他终于和马克思决裂了，并渐渐脱离了无产阶级的革命斗争。

据魏特林的一篇回忆文章说，1849年九十月份，马克思和他还见过一次面。马克思像老朋友那样邀请魏特林到自己的寓所中，同他进行亲切友好的谈话。

马克思问："难道你没有读过《共产党宣

言》？"

魏特林回答："读过。"

"那你也一定承认它吧？因为它是整个共产党提出的。"

"这我一点儿也不知道……我除了认为它可以写得更好些，对它没有更多的意见。"

这时候，马克思显得很不高兴，几乎要发火，但是很快又按捺住了。

从魏特林这段记述中，可以看出马克思直到最后还在努力争取他。但是魏特林自信只有他一个人掌握了真理，只有他一个人能够拯救世界。后来，他到美国住下来，还发表了一些攻击马克思和恩格斯的文章。1871 年，这位昔日的著名空想家死在了美国纽约。

更伟大的科学

到魏特林为止，我们的读者已经认识了8位空想家，大概也从这些空想家的事迹中，看到了他们的许多伟大之处。

他们是一批无私无畏、献身人类幸福的开拓者。他们要建设一个没有私有财产、没有剥削和压迫的新社会，使无产者和全人类过上幸福的生活。为了实现这个崇高的目标，他们献出了自己的一切，甚至生命。

他们是一批百折不挠、寻求社会发展道路

的探索者。在私有制的黑暗重压下，为了把人类引向光明的未来，他们进行了长期艰苦的探索和反复的试验；虽然饱经挫折和失败，却仍然前仆后继，勇往直前，一代代探索不止。正是依赖他们在荆棘丛生的道路上留下的足迹，后人才避免了重蹈他们的覆辙。

空想家们几乎个个都在乌托邦的荒原上辛勤耕耘了一生，可他们收获的不是累累的果实，而是不结果的花朵，他们满怀着崇高的理想，却没有找到实现理想的正确道路。

帮助无产阶级和劳动人民找到争得解放的正确道路的，是马克思和恩格斯。

马克思和恩格斯具有更加忘我的献身精神和彻底的科学态度。他们亲自参加了革命的实践，批判地继承了人类思想史上的一切优秀成果（包括空想社会主义思想中的那些合理的东西）。在这个基础上，他们创立了历史唯物主义，说明了人类社会发展的客观规律；他们发现了"剩余价值"，从这里揭开了资本主义社会的秘密；他们证明了，资本主义必然灭亡，共产主义必然实现，通过阶级斗争，建立无产阶级专政，是实现共产主义的必由之路。

正是马克思和恩格斯的这些伟大发现，使社会主义从空想变成了科学。

有了科学社会主义理论做指导，无产阶级的斗争才不断取得胜利。如今，社会主义已经不只是人们心中的理想，也不只是写在书上的理论，而是变成了活生生的现实。亿万人民正行进在建设社会主义的康庄大道上。

现在，让我们告别历史老人，从几百年前空想家们艰苦探索的历程中，回到社会主义建设的现实生活中来吧！在这 500 多年间，历史前进的步伐是多么迅速，世界面貌的变化又是多么巨大啊！我们应该感到幸运，因为我们再也不用像空想家们那样在黑暗中摸索，白费气力地空想了。

但是，社会还要向前发展，还会不断出现新的问题，需要我们去解决。如果说，空想家们当年的有些思想和行动，由于受历史条件的限制，在我们今天看来是幼稚、可笑甚至是荒唐的，那么，在为人类更加美好的明天而奋斗的时候，我们能不能比那些空想家们想得更深更远些，做得更好些？

应该说，我们是能够做到的。因为我们现在有了人类最先进的思想——马克思主义。为了做一个通晓客观规律，自觉掌握自己命运的人，为了对人类美好的明天作出自己应有的贡献，让我们都来努力学习马克思主义吧！